W0319338

Einsterns Schwester 1/2

Schreiblehrgang

Vereinfachte Ausgangsschrift

von

Heidemarie Löbler

Illustriert von

Sharmila Banerjee

Yo Rühmer

Cornelsen

Einsterns Schwester 1/2

Schreiblehrgang

Vereinfachte Ausgangsschrift

von Heidemarie Löbler

Redaktion: Martina Schramm
Illustration: Sharmila Banerjee, Yo Rühmer
Technische Umsetzung: Jutta Stindtmann
Umschlaggestaltung: corngreen, Leipzig
Umschlagillustration: Yo Rühmer

Inhalt

www.cornelsen.de

1. Auflage, 2. Druck 2015

Druck: Parzeller print & media Gmbh & Co. KG, Fulda

ISBN 978-3-06-083258-3

PEFC zertifiziert
Dieses Produkt stammt aus nachhaltig bewirtschafteten Wäldern und kontrollierten Quellen.
www.pefc.de
PEFC/04-31-1308

Hinweise zum Einsatz

1. Grundsätzliches zum Schreiblehrgang

Beim Erlernen der Druckschrift als Erstschrift, also bei der Bearbeitung des Druckschriftlehrgangs, haben die Kinder bereits wesentliche Voraussetzungen erworben, um mit dem vorliegenden Schreiblehrgang zügig und problemlos die verbundene Schrift zu erlernen.

Die Vereinfachte Ausgangsschrift zeichnet sich durch ihre gute *Erlernbarkeit, Lesbarkeit und Entwicklungsfähigkeit* für das verbundene Schreiben aus. Sie ist *bewegungsökonomisch* und *verzichtet auf unnötige Drehrichtungswechsel*. Ihre Buchstaben haben eine klare Binnenstruktur und behalten in jeder möglichen Kombination ihre Form. Die Großbuchstaben entsprechen weitgehend der Druckschrift.

Während sich die Druckschrift durch ihr formorientiertes, zusammensetzendes und gegliedertes Wesen auszeichnet, geht es bei der Schreibschrift um bewegungsorientiertes, zügigverbindendes Schreiben. Daher sind ergänzend zur Bearbeitung des Schreiblehrgangs Übungen zur Schulung der Feinmotorik und zur Kräftigung der Fingermuskulatur erforderlich.

Der Schreiblehrgang berücksichtigt in hohem Maße den *Grundwortschatz* sowohl in den Schreibzeilen als auch in den blau unterlegten Kästen („wichtige Wörter"). Ferner gibt es auf der letzten Innenseite eine Liste mit Häufigkeitswörtern sowie wichtigen Verben.

2. Methodische Hinweise zum Schreiblehrgang

Das Schreiben der Vereinfachten Ausgangsschrift bedarf systematischer und gründlicher Übung. Dabei steht zunächst das wichtigste Strukturmerkmal im Vordergrund: *Jeder Kleinbuchstabe endet an der Oberkante des Mittelbandes.*

Das gilt zunächst auch für die Buchstaben am Wortende. Sobald die Buchstabenformen und -verbindungen routiniert beherrscht werden, kann der Verbindungsstrich am Wortende entfallen.

Neben den verschiedenen Grundbewegungen ist besonders der *Drehrichtungswechsel* bei einigen Buchstaben zu beachten. Drehrichtungswechsel kommen nicht nur innerhalb der fortlaufenden Schreibbewegungen vor. Es gibt auch Drehrichtungswechsel im Anschluss an einen Halte- bzw. Bewegungsnullpunkt ①. Sie sind dann zugleich verbunden mit einem Deckstrich ②.

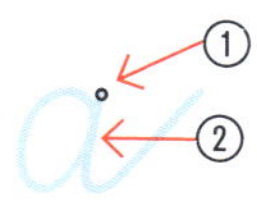

In der Vereinfachten Ausgangsschrift entfallen bei den Linksovalen (a, o, d, g, ...) die Deckstriche am Wortanfang und damit zusätzliche Drehrichtungswechsel. Im Wortinneren werden die Deckstriche durch die sogenannten *Luftsprünge* ersetzt, die im Schreiblehrgang mit einem grünen Pfeil markiert sind.

Folgende Buchstaben können als Alternativen angeboten werden:

e s t ß z

Beispiel:

leise Esel Ast heißen Salz

Die Seiten zu den Buchstabenvarianten finden sich im Anhang (S. 59–64). Hierzu gibt die Begleitfigur Lola entsprechende Hinweise.

Im Allgemeinen richtet sich der Schreiblehrgang nach folgenden Prinzipien:

- Der Schreiblehrgang übt die vom Schreibablauf einander ähnlichen Buchstaben weitgehend im Zusammenhang.
- Wo es erforderlich ist, gibt es eine vorbereitende *feinmotorische Grundübung*.
- Die neuen Buchstaben in den gelb umrandeten Feldern werden zuerst mehrmals *farbig nachgespurt*. Dann schreiben die Kinder den Buchstaben in unterschiedlichen Größen in das Feld.
- Rote Startpunkte helfen, den Buchstaben an der richtigen Stelle zu beginnen. Der Schreibablauf ist nummeriert. *Haltepunkte bzw. Drehrichtungswechsel* sind durch Kreise markiert.
- Die hellblauen Buchstaben und Wörter werden *nachgespurt* (farbig oder mit Bleistift).
- Alle neu eingeführten Buchstaben sind in Druckschrift oben auf der Seite vorgegeben.
- Arbeitsaufträge – sofern nötig – werden von der Begleitfigur Lola formuliert.

Da die lautliche und silbische Durchgliederung von Wörtern im Anfangsunterricht eine wichtige Rolle spielt, wurden vor allem zu Beginn Silbenbögen eingesetzt, die die Kinder auch für ihre eigenen Schreibergebnisse übernehmen können.

Viele Aufgaben im Schreiblehrgang bieten *Differenzierungsmöglichkeiten* (nicht jedes Kind sollte alle Wörter bzw. Sätze oder Texte abschreiben müssen). Sie eignen sich auch zur Wiederholung eingeführter Wörter, zum Aufbau eines Grundwortschatzes sowie als Ausgangspunkt für das freie Schreiben.

Das *Abschreiben von Texten* kann mithilfe der in den Schreiblehrgang integrierten Themenseiten (z. B. Seite 51) sowie der Seite 58 besonders geübt werden. Auch hier finden sich Texte zu bestimmten Themen, die innerhalb der Buchstabenprogression zu einem bestimmten Zeitpunkt abgeschrieben werden können. An den entsprechenden Stellen gibt eine kleine Verweishand den Hinweis auf die Seite.

3. Arbeitssymbole

Folgende Arbeitssymbole werden im Schreiblehrgang verwendet:

- schreiben,
- verbinden,
- einkreisen,
- in ein Heft schreiben,
- besprechen mit einem Partner,
- besprechen in der Gruppe,
- Differenzierungsmöglichkeit,
- Verweis auf die Seite 58 im Anhang, die Übungstexte zum Abschreiben enthält,
- zur Selbsteinschätzung der Arbeit das passende Smiley anmalen.

Vorübung

Lola
Uli
Tim
Lisa
Uli
Lisa
Lola
Tim
... und jetzt alles in Schreibschrift!
Meral
Tobias
Lea
Ali
Lea
Ali
Meral
Tobias

Vorübungen

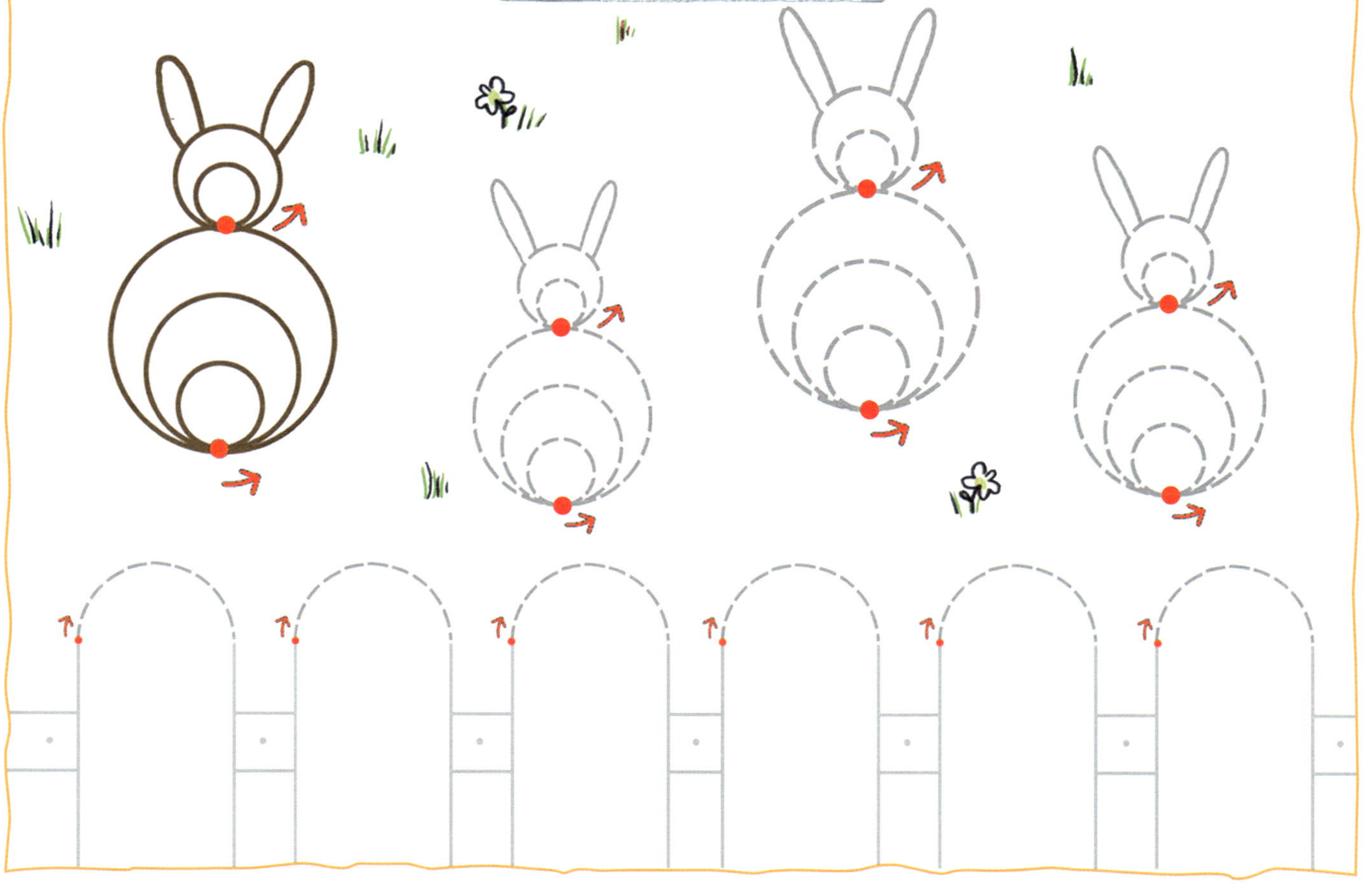

Vorübungen

l

Lola

Salat

lila

los

los

Ball

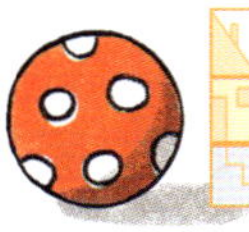

Füller

Lol li

toll

toll

f

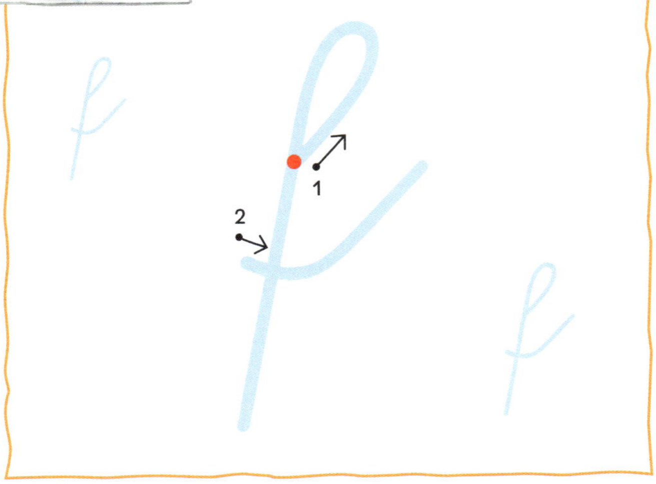

f f f

ff ff

Tafel

Tafel Tafel

Affe

Affe Affe

Ofen

Ofen Ofen

Schiff

Schiff

fein

fein fein

Koffer

Koffer

5 fünf

fünf fünf

fünf Kinder

Alle lernen fein.

T

P

Tim

Pulli

Tal

Papa

S

Saft

Sonne

Achtung! Auf Seite 59 kannst du das kleine *e* auch etwas anders schreiben. Was findest du besser?

el

Esel

Esel

Tafel

Tafel

elf

11

elf

Apfel

Apfel

ee

Tee

Tee

See

See

Klee

F

F

Fe

Feder

d r d r d r d r d r

Fee Fee

Fell Fell

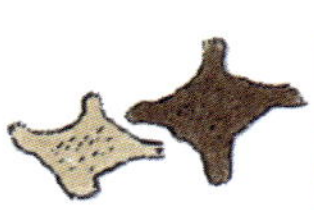

Felle Felle

i

2

1

i

Tim

Tim Tim

u

1

u

Pulli

ei

1 2

ei

Seil

Pfeil

Seife

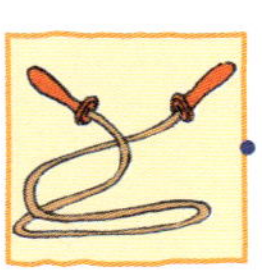

eu

1

eu

neu

neu

neu neu neu

Feuer

Feuer Feuer

Beule

Beule Beule

E

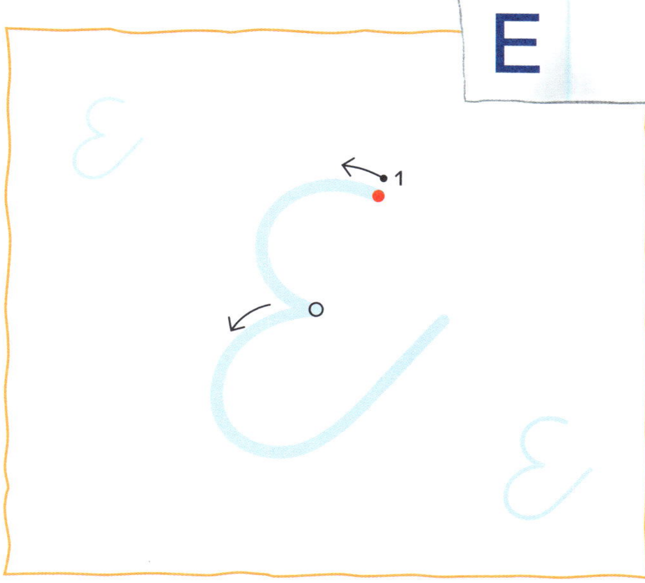

E

Ei

Eile

Eile

Eu

Eule

Eule

Efeu

Efeu

Elfe

Elfe

Tee, Fee, Fell, Pulli, Pfeil, Seil,
elf, Ei, Eile, Eule, Elfe, Efeu

n

neun neun

m

mein mein

ei n m u

eine Eule — ~~ein~~ Ei — ein Seil — eine Seife

nein

fein

um

nun

wichtige Wörter

Ei, Seife, fein, nein,
neu, neun, nun, um

O o

O o

Omi Omi

Ofen Ofen

offen offen

Sonne Sonne

Telefon Telefon

ein Ofen, eine Sonne, ein Telefon, ein Pulli,
eine Fee, meine Omi, neun Pfeile, ein Fell,
elf Eulen, eine neue Seife

a

d

a

d

laufen

laufen

und

und

finden

finden

wichtige Wörter

alle, auf, da, die, du, und, finden, laufen,
malen, Sonne, Telefon, Oma, Ende

D

Dino Dino

Dame Dame

Delfin Delfin

Daumen Daumen

Domino Domino

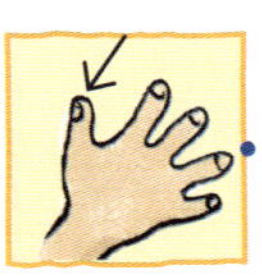

s

s

es

aus

das

Eis

s

ss

s

ss

so

muss

sie

muss

sind

essen

alles, als, also, leise, sollen,
Dose, Esel, Pinsel

t

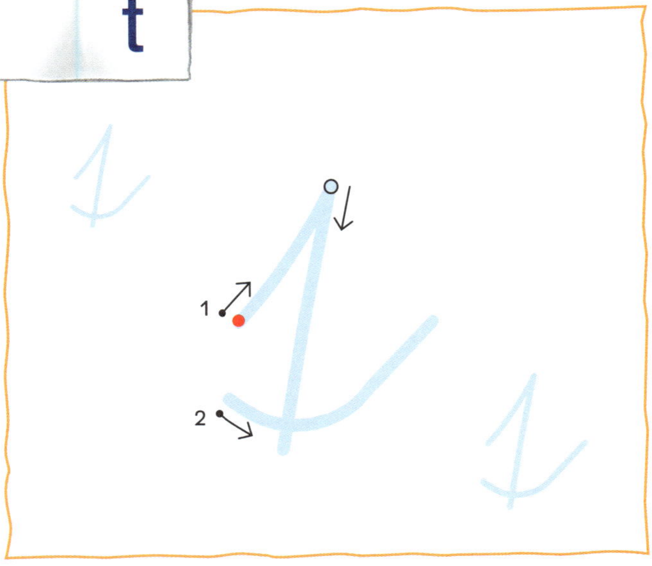

t

te

tun

tun

mit

tt

nett

St

st

Stein

Stunde

still

ist

Die Enten sind am See.

Die Tante ist am Telefon.

Tim isst ein tolles Eis.

Die Tomaten sind alle im Salat.

Seite 58

N

N N N

N N

Na

Na

Name Name

Nadel Nadel

Das ist die Nase.

Die Nadel ist neu.

Das Nest ist unten.

Nils ist ein Name.

Das ist

Nils

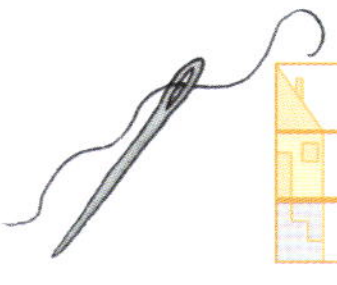

die Note, die Nase, die Nuss,
die Nadel, die Null, die Nudel,
das Nest, die Namen

M

M M M

M M

Ma Ma

Me Me

Mama Mama

Maus Maus

Mama Oma Mia Moni	malt	eine Maus. eine Ente. einen Esel. Mamas Eis.

Mama malt

A

Auto

Affe

Ast

Automat

Atlas

Aal

Amsel

Ameise

Schreibe alle Nomen mit ihrem Artikel auf.

R r

R

r

R R

r r

Rose Rose

rufen rufen

er er

der der

oder oder

lernen lernen

Radio

Roller

Reise

Rosine

Ritter

Ruder

der	die	das
Roller		

re re | rö rö

reden reden

reisen reisen

rot rot

rollen rollen

~~rei~~	tur	rol
ru	re	ler

~~sen~~	nen	fen
len	den	nen

Alle reisen. | Alle

Alle

Der Affe turnt an einem Ast.

Die Mutter redet mit der Oma.

Peter ruft seine Tante an.

Mara rollt mit dem Roller.

p

p

pp

Opa

Papa

Puppe

Ampel

Raupe

Pf

pf

Pferd

Apfel

Topf

Die Ampel ist rot.

Die A

Die Puppe ist neu.

Sp sp

Sp Sp

sp sp

Sport Sport

Spiel Spiel

spielen spielen

sparen sparen

er spielt

sie spart

die Treppe — die Mutter — die Spinne

das Spiel — der Roller — der Stern

 die Spinne

Seite 58

I

J

1

Imo

Imo

Insel Insel

Idee Idee

Indianer Indianer

Indianer reiten oft.

Tim spielt mit Imo.

Mia malt eine Insel.

Im Internet sind Fotos.

H h

H h

Hose Hose

her her

hinter hinter

holen holen

Hase Himmel Haus

~~Hai~~ Hund Hose

der Hai

der

C c

C c

Cent

Computer

cool

Alle lesen am Computer.

Alle

Alle lernen am Computer.

Sind Computer cool?

Ch ch

Ch Ch Ch

Chor Chor

China China

ch ch ch

ich ich

nicht nicht

leicht leicht

machen machen

suchen suchen

rechnen rechnen

sprechen sprechen

machen, suchen, rechnen, sprechen, dich,
doch, durch, hoch, leichter, nach, ich

Sch sch

Sch Sch Sch

sch sch sch

Schere Schere

Schule Schule

Tasche Tasche

schön schön

frisch frisch

~~schla~~ schnei schei den ~~fen~~ nen

Die Schere ist scharf.

Die Sch

Tim schneidet sich.

Ist das schlimm?

L

L

Lola Lola

Leute Leute

das

die

Lamm

~~Lamm~~

Lampe

Land

Lied

Laterne

Licht

Lasso

Lehrerin

Lippe

Leiter

Schreibe alle L-Wörter mit Artikel auf.

Seite 58

Z z

Z z

Zeit

Zahn

Zahl

zahlen

Herz

Salz

Pflanze

wichtige Wörter

die Zahl, zahlen,
der Zahn, die Zeit,
die Pflanze, das Salz

tz

tz

atz

itz

Satz

sitzen

Alle sitzen am Tisch.

Opa sitzt im Auto.

Lola spricht einen Satz.

Satz spitzen Platz

flitzen

Schatz

sitzen

Schreibe mit einem Partnerkind weitere Reimwörter auf.

U

U U U

Uhu Uhu

Unfall Unfall

Ufer Ufer

Uhr Uhr

Die Uhr hat Zahlen.

Am Ufer sitzt Lola
mit einem Computer.

Uranus ist ein Planet.

1. Ein Uhu sitzt auf einem Ast.
2. Tante Ulla hatte einen Unfall.
3. Die Uhr ist neu.
4. Uli macht immer nur Unsinn.

B b

B b

Baum

Buch

bunt

baden

leben

Ich lese in einem Buch.

Im Sommer badet Lola.

wichtige Wörter

der Baum, das Bild, die Birne, die Blume,
das Brot, der Bruder, das Buch

b

bl bl

br br

be be

ben ben

blau blau

braun braun

brauchen brauchen

Rabe Rabe

aber aber

arbeiten arbeiten

er lobt	bleiben	
er lebt	loben	er lobt, loben
sie bleibt	lieben	
er schreibt	leben	
sie liebt	schreiben	

Ä ä

Ä Ä Ä   ä ä ä

Äpfel Äpfel

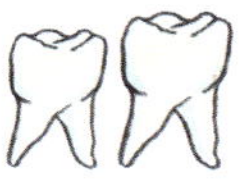

Zähne Zähne

Sätze Sätze

Mädchen Mädchen

zählen zählen

Nils liest ein Märchen.

Nils

Das Mädchen zählt.

Die Äpfel sind rot.

die Zähne – der Zahn, die Hände – die Hand,
die Bälle – der Ball, die Räder – das Rad,
die Dächer – das Dach, die Sätze – der Satz,
die Äpfel – der Apfel, die Äste – der Ast

Seite 58

Äu äu

Äu Äu Äu

äu äu äu

Mäuse Mäuse

Bäume Bäume

Häuser Häuser

träumen träumen

läuten läuten

träumen aufräumen läuten

Bäuerin er läuft Räuber

Bauer	Bäuerin
laut	
Traum	
Raum	
laufen	
rauben	

Schreibe alle äu-Wörter dieser Seite auf.

Ö ö

Ö ö

ö ö

Öl

öffnen

schön

böse

hören

Mia öffnet das Fenster.

Mia

Sie hört ein Lied.

Lola pfeift schön.

Das macht sie öfter.

Schreibe die Sätze auf.

Ü ü

Ü Ü Ü

ü ü ü

über über

für für

müssen müssen

Füller Füller

Blüte Blüte

blühen blühen

dür müs blü sen hen fen

Am See blühen Blumen.

Am

Lola und Lisa dürfen
an den Blüten riechen.

Schreibe die Wortpaare auf.

~~Hund~~ Schaf Ball
Uhr Hose
Zahn Baum Apfel

Schäfchen Zähnchen ~~Hündchen~~
Äpfelchen Höschen Bäumchen
Ührchen Bällchen

der Hund – das Hündchen

G g

G G G

g g g

Gabel Gabel

Gras Gras

gut gut

gelb gelb

Tag Tag

Bienen geben gesunden Honig.

Im Garten ist Gras.

Nils geht gern zur Schule.

g ng

liegen → er liegt

er

lie · zei · le · sa · fra — gen

ng ng ng

 Ring Ring

eng eng

singen singen

bringen bringen

wichtige Wörter

Gabel, Garten, Gemüse, Gras, Gräser, Aufgabe,
Auge, Regen, Ziege, gelb, grün, gesund,
bringen – sie bringt, fragen – er fragt,
geben – er gibt, gehen – er geht, legen – sie legt,
liegen – sie liegt, sagen – er sagt,
singen – er singt, zeigen – sie zeigt

V v

V v

Vater

Vase

Vogel

viel

vor

ver

~~reisen~~ schreiben schlafen
sprechen geben brauchen

verreisen

W w

W

w

Wiese

Weg

wir

weil

Löwe

warten

Wir warten auf den Winter.

Wir

wichtige Wörter

Wasser, Weg, Wind, Winter, Woche,
Wolf, Wort, Wurzel, warten, was, weit,
weiter, wer, wo, wollen, wünschen, zwei
antworten, Clown, Löwe, schwarz, Schwester

Seite 58

J j

J

j

Junge

Jahr

ja

jeder

Der Januar ist ein Monat.

Manche Jungen mögen Judo.

Mögen alle Mädchen Judo?

Mögen

Mag jeder Junge Pizza?

Mag jedes Mädchen Jogurt?

K k

K k

Kiste

Kind

Katze

Klasse

klein

können

krank

trinken

denken

ck ck ck

dick dick

Sack Sack

Jacke Jacke

Zucker Zucker

backen backen

Heute ist kein schönes Wetter.
Am Himmel ziehen Wolken.
Es ist dunkel und kalt.
Die Kinder tragen Jacken.

Heute

Lolas Einladung

Liebe Freunde,

ich lade euch zu einem lustigen Fest ein. Es ist am Freitag.

Wir wollen singen, malen und spielen. Kommt ihr?

Lola

ß

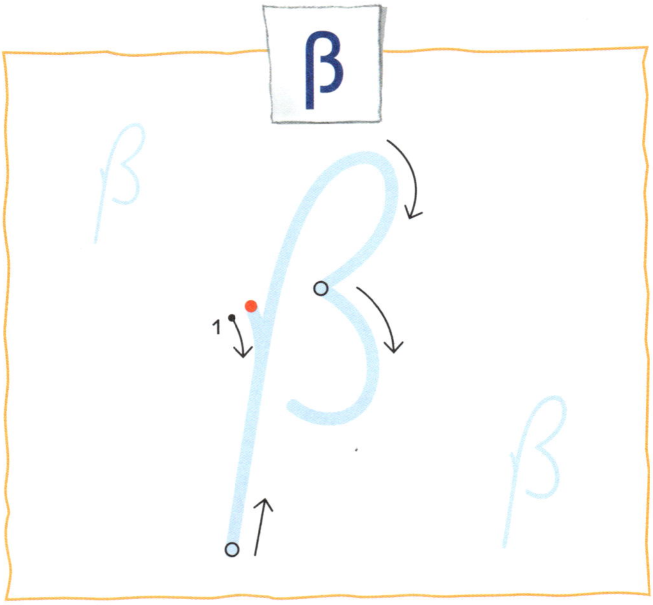

ß ß ß

ß ß

ße ße

ße ße

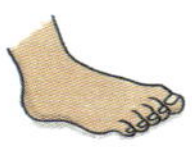
Fuß Fuß

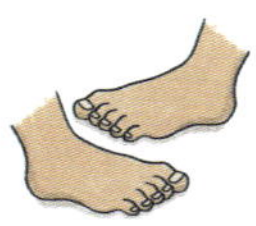
Füße Füße

groß groß

größer größer

heiß heiß

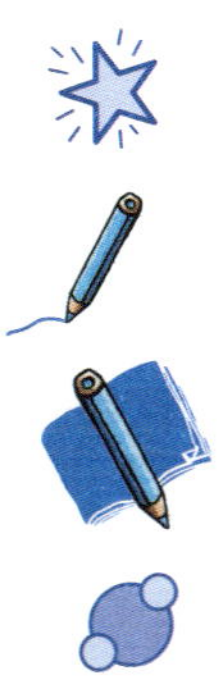

Schokolade schmeckt	fleißig.
Zum Fleisch gibt es	süß.
Der Schnee ist	Soße.
Wer viel arbeitet, ist	Straße.
Autos fahren auf der	weiß.

ßen ßen ßt ßt

heißen heißen

er heißt er heißt

gießen	gießt
beißen	beißt
~~schießen~~	schießt
reißen	reißt

schießen → er

→ er

→

→

Schreibe vier lustige Sätze.

Eltern	beißen	fleißige Kinder.
Hunde	grüßen	große Füße.
Verliebte	lieben	heiße Würstchen.
Schüler	genießen	weiße Rosen.

Qu qu

Qu Qu Qu

qu qu qu

Qu Qu

qu qu

Quadrat Quadrat

quer quer

bequem bequem

~~qua~~ qual quiet quie

ken schen ~~ken~~ men

quaken

Im Meer schwimmen Quallen.

Im

Kinder machen Quatsch.

Y y

Y y y y

y y y y

Y y y

y y y

Baby Baby

Pyramiden	ist eine Stadt.
Syrakus	ist ein Hut.
Hyazinthen	sind hoch.
Ein Zylinder	ist eine Pflanze.
Thymian	sind Blumen.

Pyramiden

X x

Xylofon Xylofon

Hexe Hexe

Text Text

mixen mixen

Hexen		mixen.
Boxer	können	boxen.
Mixer		hexen.

Schreibe drei Sätze!

Seite 58

Lolas Gedicht

Ich kann gut schreiben, fix und richtig,
denn alle Wörter sind sehr wichtig.
Das Heft ist ja auch schon fast voll,
geschrieben habe ich ganz toll.
Ich schaffe jeden Text – na klar!
Schreiben ist ganz wunderbar!

Ich kann

Kleine Abschreibtexte zum differenzierten Einsatz

Nach t (Seite 20)

Tante Pia ist da!

Die Tante Pia ist nett.
Sie malt mit Tim und Paula.

Dann essen alle Salat
mit Tomaten. Fein!

Nach Sp/sp (Seite 27)

Die Sportstunde

Sport ist immer super. Nino
rennt als Erster los. Dann startet
Mia. Paul turnt am Seil.

Anna rollt den Reifen.
Am Ende spielen alle.

Nach L (Seite 33)

In der Schule

Alle lernen und passen auf.
Leon rechnet im Heft. Er sucht
sein Lineal. Ist es in der
Mappe?

Die Lehrerin sucht auch.
Das Lineal ist nicht da.
So ein Pech!

Nach Ä/ä (Seite 39)

Märchen

Anna liest oft Märchen. Am
liebsten hat sie „Die Sterntaler".
Ein armes Mädchen war sehr
lieb. Es half allen, bis es nichts
mehr hatte.

Da fielen Sterne als Taler
auf das Mädchen herunter.

Nach W/w (Seite 47)

Eine Unsinn-Geschichte

Ein Igel und eine Schlange
essen ohne Gabel Gemüse im
Garten. Von den Pflanzen tropft
noch Wasser. Das ist gesund!

Dann liegen sie gemütlich
im Gras und warten auf
die Sonne.

Nach X/x (Seite 56)

Die kleine Hexe

Es war einmal eine Hexe.
Sie träumte von einem neuen
Hexenhaus und einem schnellen
Hexenbesen. Doch verflixt!
Wo war das Zauberbuch bloß?

Sie konnte es nicht mehr
finden. Der Rabe Xaver
lachte darüber.

e

Variante:

el

Tafel

Apfel

Tee

See

S

Variante: s

Eis

Eis

so

so

sie

sie

sind

sind

muss

muss

essen

essen

alles, als, also, leise, sollen,

Dose, Esel, Pinsel

t

Variante: t

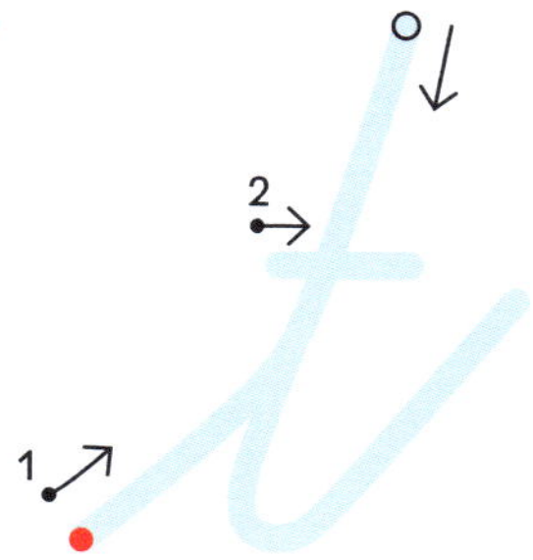

t

te

tun

tun

mit

nett

St

st

Stein

Stunde

still

ist

Die Enten sind am See.
Die Tante ist am Telefon.
Die Tomaten sind alle im Salat.
Tim isst ein tolles Eis.

z

Variante: z

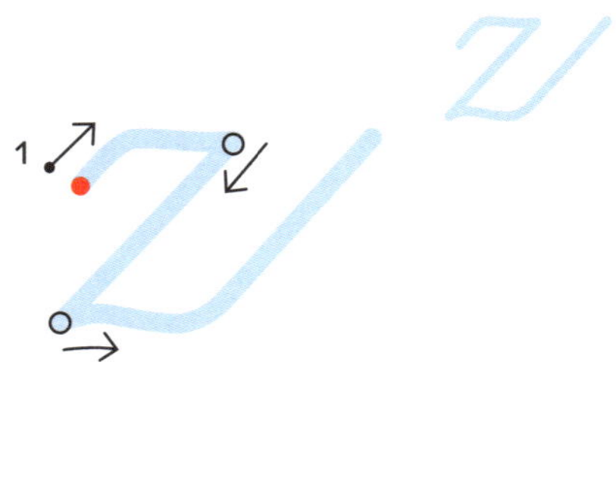

z z z

z z

z z

zählen zählen

sie zählt sie zählt

zuerst zuerst

dazu dazu

tanzen tanzen

Herz Herz

Salz Salz

Pflanze Pflanze

wichtige Wörter

die Zahl, zahlen, der Zahn,
die Zeit, die Pflanze, das Salz

ß Variante: ß

ß

ße

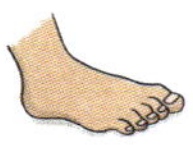
Fuß

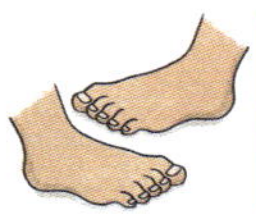
Füße

groß

größer

fleißig

Schokolade ist	fleißig.
Zum Fleisch gibt es	süß.
Der Schnee ist	Soße.
Wer viel arbeitet, ist	Straße.
Autos fahren auf der	weiß.

Variante: Lolas Gedicht

Ich kann gut schreiben, fix und richtig,
denn alle Wörter sind sehr wichtig.
Das Heft ist ja auch schon fast voll,
geschrieben habe ich ganz toll.
Ich schaffe jeden Text – na klar!
Schreiben ist ganz wunderbar!

Ich kann